¡Protege a las abejas de la miel!

Grace Hansen

Abdo
Kids

PEQUEÑOS ACTIVISTAS:
ESPECIES EN PELIGRO

Abdo Kids Jumbo es una subdivisión de Abdo Kids
abdobooks.com

abdobooks.com

Published by Abdo Kids, a division of ABDO, P.O. Box 398166, Minneapolis, Minnesota 55439.
Copyright © 2020 by Abdo Consulting Group, Inc. International copyrights reserved in all countries.
No part of this book may be reproduced in any form without written permission from the publisher.
Abdo Kids Jumbo™ is a trademark and logo of Abdo Kids.

052019

092019

 THIS BOOK CONTAINS
RECYCLED MATERIALS

Spanish Translator: Maria Puchol

Photo Credits: iStock, Shutterstock

Production Contributors: Teddy Borth, Jennie Forsberg, Grace Hansen

Design Contributors: Dorothy Toth, Laura Mitchell

Library of Congress Control Number: 2018968172

Publisher's Cataloging-in-Publication Data

Names: Hansen, Grace, author.

Title: ¡Protege a las abejas de la miel!/ by Grace Hansen.

Other title: Help the honey bees. Spanish

Description: Minneapolis, Minnesota : Abdo Kids, 2020. | Series: Pequeños activistas: especies en peligro

Identifiers: ISBN 9781532187551 (lib.bdg.) | ISBN 9781532188534 (ebook)

Subjects: LCSH: Honeybee--Juvenile literature. | Wildlife recovery--Juvenile literature. |
    Endangered species--Juvenile literature. | Bees--Juvenile literature. | Conservation--Juvenile
    literature. | Spanish language materials--Juvenile literature.

Classification: DDC 333.954--dc23

Contenido

Abejas de la miel

Las abejas viven por todo el mundo. A menudo se pueden ver en bosques y praderas.

Las abejas de la miel viven

en **colonias**. La reina dirige

la colonia.

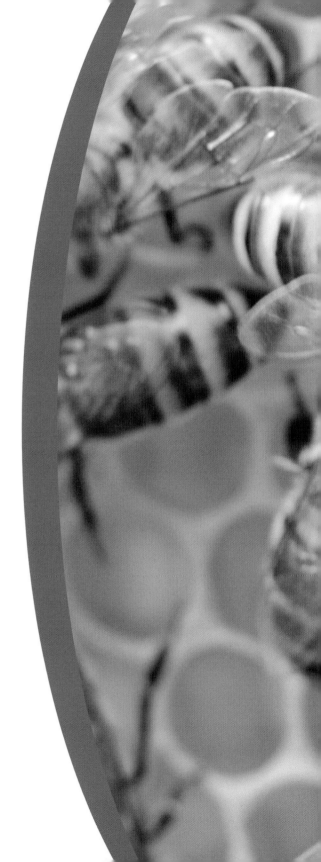

reina

7

Las abejas obreras recolectan el **néctar**. También construyen el **panal**.

9

Estado actual de conservación

Las poblaciones de todo tipo de abejas han disminuido. Esto es debido, sobre todo, a los **pesticidas**.

Los **pesticidas** se utilizan para proteger las cosechas. Muchos pesticidas pueden envenenar y matar a las abejas.

La pérdida del hábitat es también un problema. Las abejas necesitan plantas para recolectar su comida favorita, el **néctar**.

Por qué son importantes

Las plantas necesitan abejas para no extinguirse. Las abejas de la miel recolectan **néctar** de las plantas. El **polen** se adhiere a sus cuerpos cuando aterrizan.

17

Cuando vuelan a otra planta, dejan un rastro de **polen** que **fertiliza** la planta. Este proceso se llama polinización.

Sin las abejas de la miel, muchas plantas no podrían sobrevivir. Muchas cosechas de las que dependemos las personas tampoco sobrevivirían.

En resumen

- Estado actual de conservación: algunas poblaciones han disminuido, mientras otras van en aumento

- Población: alrededor de 2.89 millones de colonias

- Hábitat: bosques tropicales de climas templados y praderas

- Mayores amenazas: pesticidas, pérdida del hábitat, enfermedades y contaminación

Glosario

colonia – grupo de abejas que viven juntas en un grupo grande y bien organizado.

fertilizar – respecto a plantas, combinar células masculinas y femeninas para hacer una planta nueva.

néctar – líquido dulce que producen las plantas para atraer a los insectos y aves.

panal – grupo de muchas celdas pequeñas de cera en las cuales las abejas almacenan la miel. Cada celda tiene 6 lados.

pesticida – producto químico usado para matar insectos que daña las plantas y las cosechas.

polen – granos diminutos amarillos que producen las plantas con flores. Cuando el polen es transportado por el viento o por un insecto a otra planta de la misma especie, las semillas de esta planta se fertilizan.

23

Índice

Abdo Kids
ONLINE
FREE! ONLINE MULTIMEDIA RESOURCES

¡Visita nuestra página
abdokids.com y usa este código
para tener acceso a juegos,
manualidades, videos y mucho más!

Código Abdo Kids:
LHK2013